뭇별 속에 묻어두고

김계식 시집 14

신아출판사

■ 시인의 말

  다람쥐 쳇바퀴 돌리듯 그날이 그날 같은 나날.
  새벽의 설익은 상념을 하루하루 꿰고 있기에 둥근 궤적으로 도타이 살 오르리라 믿었는데,
  어느덧 끝자락이 저만큼 길어져 나의 영역을 벗어나려 하고 있다. 내 것이라는 시치미를 매달아놓아야만 할 것 같다는 생각.
  원함에 이르지 못한 글들일지라도 한 덩어리로 묶어, 추억의 창고에 갈무리해두어야 빈자리가 생길 것이라는 마음 바쁨 때문에, 이렇게 서둘러 85편의 글을 모아 『뭇별 속에 묻어두고』라는 이름으로 14번째 시집을 내놓는다.
  한참 모자란 글을 칭찬해주신 소재호회장님께 감사를 드리며, 곱게 책을 엮어주신 서정환사장님께 고맙다는 인사를 올린다.

2013년 8월
중화산 하늘채에서
瀛州 김 계 식

시인의 말

Ⅰ.
산과 물 함께 영그는 중

산과 물 함께 영그는 중	10
낮달	11
앞서 맞는 봄소식	12
게으른 봄 마중	14
쉽게 끝나버린 한판 승부	16
외길로 보는 눈빛	18
폭염 몸 사릴 때	19
가을맞이	20
어느 만추晩秋	21
상사화相思花	22
움틈 머금은 정적	23
아낌의 미덕	24
환한 아침 밝히 맞기	26
감나무	28
어느 성시盛市	30
오목대梧木臺	32
오늘로 붙잡혀온 옛 풍경	34

II.
있으라 하심에

38 　내연內燃의 불길
39 　사주蛇酒 권하던 날
40 　짧고도 긴 메시지
41 　뭇별 속에 묻어두고
42 　지울 수 없는 흔적
43 　그대
44 　있으라 하심에
46 　내 우러른 하늘은
47 　아픔만 보태고 온 만남
48 　전달, 거기에서 멈추기를 바라며
50 　빗방울에 담긴 사연
51 　마음 사냥
52 　아낌 갈무리(2)
53 　해바라기(2)
54 　긍정의 빛과 소리
56 　하나 된 마음
57 　바늘로 내뵈는 그리움

Ⅲ.
어떤 비감悲感

아직도 한참 멀었나보다 60
제 눈으로 저를 보는 62
제 선 자리 가늠하기 64
판가름하기 어려운 세상 65
어떤 비감悲感 66
하나 되고픈 마음 68
시간 살라먹기 70
배려 72
거울 속의 나를 읽다 73
이 아픔 어찌하랴 74
견줌을 놓은 삶이기를 75
고마움 익혀 사는 길 76
이제야 철드나보다 78
원격조종 79
부여附與 80
마당 쓰는 풍뎅이 81
어처구니 82

Ⅳ. 넘치는 기쁨

- 84 솟대의 새로 하늘을 보다
- 85 생각에서 운명까지
- 86 엇박자
- 88 원만圓滿 빚기
- 89 가치假齒
- 90 싸이, 세계를 제패하다
- 92 내 삶의 길잡이
- 93 꿈인가 생시인가
- 94 낡음 벗어던지기
- 95 오늘도 네 손에 이끌려
- 96 미필적 고의
- 98 알고 겪는 아픔
- 99 지켜보는 눈길로
- 100 끈
- 101 넘치는 기쁨(2)
- 102 길 거슬러 달려온 시인
- 103 자기 최면

V.
그마저 몰라도 좋을

속 깊은 혜안으로　106
새 터에 씨를 심으며　108
부닥방망이　109
터다지기　110
자신의 어깨 위에 얹는 잠언　111
중용中庸의 길　112
하여도 임은 영면하소서　114
이제는 하나　116
마지막 도움닫기　118
짧은 인생을 영원한 조국에　120
시인 그 이름 하나만으로도　122
물의 가르침　123
가을 한복판의 기도　124
그마저 몰라도 좋을　125
범접 못할 승자로　126
회복의 열쇠　128
바람이고 싶다　130

■ 발문

'하나'란 철학으로 응결된 시 정신, 그리고 시의 형상화　131
　－소재호(시인, 석정문학회장)

I
산과 물 함께 엉그는 중

산과 물 함께 영그는 중

짙푸르던 산
찌든 삶의 찌꺼기를 씻기 위해
긴 그림자를 끌고 하산하여
맑은 시냇물에 몸 담그면

솔잎 향도 배어나고
산새들의 노랫소리도 녹아나고
끝내는
하늘 우러르던 긴 묵언도 풀렸다

오싹한 떨림으로
제 몸 추스를 즈음
산그늘 겨드랑이를 파고드는
쉬리의 유영 잔새우의 어깨춤
그리고 서걱거리는 모래알들의 눌언

산과 물
가을 영금 속에
그냥 하나가 되었다.

※ 본 작품은 『석정문학』 제25호에 게재됨.

낮달

꽉 찼다 싶은데
실금 같은 미동 일어
까치발 딛고 담 너머를 바라보는
또 다른 눈빛

견주지 말자고
탐내지 말자고
가지런히 다독인 평평한 마음이라서
감추어도 도도록이 불거진다

손사래 치며
또 얼마를 다독여야
솔개그늘조차 드리우는 일 없이
맑고 밝음만 차고 넘칠까

받은 빛마저 통째 쏟아버린
얼굴 이운 낮달이
하얗게
중천에 떠 있다.

※ 본 작품은 2012 전라예술제 시화전 작품으로 전시됨.

앞서 맞는 봄소식

허기진 새 몇 마리
어지럽게 지저귀는 소리 끝으로
밝아오는 여명
숨을 몰아쉬던 바람도
밤새 묻은 어둠을 떨쳐내고 있다

청람靑嵐*도 채 다가서기 전
풍전세류로 비웃음 당하던 수양버들
엄동 속 온기 휘어잡아
연녹색 푸름으로 춘신을 입짓하며
화해를 손짓한다

어찌 하늘의 드높음만이랴
어찌 땅의 두터움만이랴
생명 가진 것들의 짙은 소망
그 생기로 피어나는 숨결인 걸

새로운 봄소식
먼저 맞이할 수 있는 언덕에 올라

발목 잡은 추진 시간 털어내며
기쁨 맞을 부푼 꿈으로
봄기운의 맑은 새벽을 맞는다.

---

* 청람靑嵐 : 푸른 산의 기. 멀리 보이는 산의 푸르스름한 기운.

게으른 봄 마중

아직도 허연 눈발을 뒤집어쓴
이른 봄 산자락
입춘立春에 어렵사리 불려나온
우수雨水의 살얼음 풀리는 소릴 들었는지

진흙 질컥한 짚신 바닥을
동구洞口 정자나무 노근露根에
쓱쓱 닦고 있었다

새벽 기침起枕을 어려이 참고
아랫목 뭉그적거리고 있는 노인과 달리
터진 바짓가랑이 불알 내보이는 아이놈
벌써 이른 춘신에 안달하고

언치가 부담스런 외양간 누렁이
논밭 갈던 두려움 까맣게 잊고
틈 둑 보드라운 새 풀잎 냄새에
되새김질 아래턱이 더욱 바쁘다

물끄러미 바라보던 달력

두어 장 넘어감을 인지한 지금에야
게으름에 젖은 무르팍에 힘을 모으는
늦깎이 봄 마중.

※ 본 작품은 『창조문학』 제89호에 게재됨.

쉽게 끝나버린 한판 승부
— 2012 전북시인협회 문학기행

함축으로 똘똘 뭉친
겉보기 작은 시인들
대자연의 위용과 한판 붙자고
예매로 선전포고해 둔 날

잔잔히 흐르는 운율로 위장하고
몰래 익혀온 예리한 바탕 위에
재호*님의 상징시 특강으로 날을 세운 뒤
넓게 펼쳐진 광릉수목원 성문에
진입하였다

광릉요강꽃 복주머니난의 희귀로
시선 흩뜨리고
백두산호랑이의 포효
맹금류의 살기 띤 눈빛 뒷심 삼아
정면으로 반격해왔지만

기대한 한바탕의 공방은 빛 좋은 개살구
우리는 벌써 인공ㅅㄱ이라는 세작을 심어
너희를 관리했고
한 그루 나무 한 포기 풀에도
죄수번호로 표찰 매달아놓지 않았더냐

이제 크낙새 울음으로라도 자위하고
편백나무 피톤치드로 깊은 호흡하며
본연의 자세로 돌아가
한 절 한 구의 곱디고운 시재詩材가 되라

희**님의 잔잔한 지휘 아래
대준***님의 멋들어진 노랫가락처럼
군수****님의 심금 울리는 창唱처럼
모두의 얼굴 위에 피어나는 화기로
승자의 기쁨 만끽하며 시의 노래 높이 부르리니.

※ 본 작품은 『시의 땅』 제14호에 게재됨.

---

  * 재호 : 소재호시인, 전 전북문인협회장.
 ** 희 :   송희시인, 현 전북시인협회장.
 *** 대준 : 유대준시인, 전 전북시인협회장.
**** 군수 : 정군수시인, 현 전북문인협회장.

외길로 보는 눈빛

서너 걸음 앞에서
포르릉포르릉 가벼운 날갯짓으로
밤새 내린 정적을 여는
암수 서로 똑 닮은 비둘기
한 쌍

풀잎에 맺힌 이슬
새끼 모습 투영됨에
열심히 쪼아대던 땅바닥 내려놓고
서로를 빤히 바라다보고 있다

자식의 봉양 받아먹는
늙은 까마귀 부러운 적 있을까
노란 부리에 담아주던 사랑만
여린 가슴에 멍울져

밝아서 좋은 빛
맑아서 좋은 물
꾸러미 만드는 마음으로
바라보는 하늘빛이 그저 푸르다.

폭염 몸 사릴 때

붙박임보다
작은 부유浮游를 감사하는
부레옥잠

하늘 피어나는
흰 구름 빛깔을 굳히고
땡볕 줄곧 갈라대는
쓰르라미 소리를 점철하며

벌써
여리게 들어서는
살살이꽃 하늘거림을 꿈 그리는
숙연

익힌 연륜으로 감지하는
나는
옥비녀에 서린 설움 닦아내는
한 줄기 바람

폭염
그늘로 파고들며 푸는
회오를
그냥 모르쇠하고 있다.

가을맞이

가림 없이 내리쬐던 한여름의 열기
밤 시간 점철하는 귀뚜라미의 호곡으로
한풀 꺾여
양지로 뜨겁고 음지로 시원한
얼룩빼기가 된다 싶더니

마당 한복판으로만 더 두터운 햇볕
붉은 고추 닦달하고
콩 꼬투리 비집어 콩알을 세다가
물러감을 앙탈하는 뒷자락
가을은 그렇게 시나브로 다가왔다

해거름
더 높이 하늘 나는 해오라기
하얀 날개에 얹힌 햇빛 한 줌
샛별처럼 희끗희끗 빛남에
산 덩달아 발뒤축 들어 올리면

대오각성이라도 한 양
먼지 낀 책상 소맷자락으로 쓱 문지르고
자작시 몇 편 되읽으며
더위 먹은 시심 새로이 손질한다.

※ 본 작품은 『전북PEN문학』 제11호에 게재됨.

어느 만추晩秋

익어가는 벼이삭 따라
한빛으로 변해가는 토실한 메뚜기

손 빠른 아이의 손에 붙잡혀
피 꽃대로 만든 꿰미에
여린 살과 등껍질 사이 꿰이던 날

내일도 모르는 놈
퇴화된 입에 생식기만 내세우는 놈이라고
비아냥거렸던 하루살이가
그냥 부러웠다

세상 으스대던
벗어진 이마면 무엇하며
튼실한 발
실한 날개면 무엇할 것인가

연한 잎과 줄기 갉아먹던 소리
회한의 깊은 한숨으로
푸른 물 뚝뚝 듣는 맑은 하늘에
진하게 피어오르는 어느 시린 늦가을.

상사화相思花

허공을 향한 울부짖음
메아리마저
내려앉을 곳을 잃었다

징징 더 붉게 타오르는 열정
소진을 까맣게 모르는
부단한 재연再燃이었다

이울고
또 이울고
찾을 길 없는 빛과 소리

어렴풋한 방향을 짚어 솟아나는
푸른 잎사귀
어느 때 어느 곳에서
이루어낼 해후邂逅이더냐

한恨이라서
같은 이름으로 불려도
끝내 등진 대답
언제 어디서 하나 될 것인가.

※ 본 작품은 2012새만금문화제 시화전 작품으로 전시됨.

움틈 머금은 정적

겨울 한복판
정적 깨뜨리는 굉음
저 열사熱砂의 혼 게발선인장 한 송이

뒷걸음질로 닫고 또 닫으며
빗장 지른 문 안쪽
칩거에
꿈마저 접어서야 되겠느냐는
섬광

동면일지라도
생명의 씨
움틈의 길 놓쳐서는 안 되기에
글 속 지혜로 잇는 호흡

한바탕 흰 눈 쏟아져
온 세상 지난 행적 곱게 묻으면
어둠 속은
새날을 향해 달려갈 준비로
훨씬 더 바빠진다.

아낌의 미덕

잔나비 재주부리는 광장 건너
노점상 즐비하던 장터 골목
소머리국밥 냄새
참고 지나쳐야 했던

해거름 산모퉁이 채우는
목 갈라진 소쩍새 울음소리
솥 작다고 우는
풍년의 구가이기를 빌던

헐벗음 굶주림에 대한 쓰린 기억
아직도 남아
나 아닌 아낌의 상대에게 채워주는
기쁨으로도 고마운 터라

그저 하나 내세움만으로
품는 안음이
어찌 차고 넘치는 오늘의 풍족함에
뒤질 거냐는
속 깊은 자족自足

그로 하여
환한 낯빛
맑은 거울에 비추어 보고 있네.

환한 아침 밝히 맞기

밤새
짙은 어둠 속
하늘과 땅의 내밀한 대화
이슬로 풀잎에 맺힌 아침

승천하랴
하강하랴
어느 쪽 쉬 택하지 못하는 망설임이
갈탄 시간을 촉촉이 적시고 있다

온몸으로 받은 밝은 태양 빛
사방팔방 흩뿌릴 때
깃든 풀벌레 소리 물소리 바람 소리
되살린 발걸음 재촉하고

하늘은 또다시 하늘로
땅은 또다시 땅으로 돌아가
더 큰 벼름을 잉태하며
언제 그랬냐 싶게 시치미를 뚝 뗀다

덩달아
이슬 떨친 풀잎처럼 몸 가벼이
가위눌린 꿈길에서 벗어나
환히 다가오는 아침을 맞는다.

감나무

태초로부터
콩 심은 데 콩 나고
팥 심은 데 팥 난다는데

너는 어찌 고운 씨 심어도
제 부모 모습 어디에 두고
꼴사나운 고욤나무로 태어나는가

끝내 근본의 감나무를 잘라
한살로 접을 붙이고서야
본연으로 변신하는 감나무

하기야
사람으로 태어났다고 다 사람인가
생가지 칼로 째어 접붙이는 아픔 안 듯
상구보리上求菩提 하화중생下化衆生
가르치고 배워야 제구실하는 것을

감 열렸던 나무에만 생기는
검은 심

자식 낳고 기른 부모의 속상한 마음을
표함이리니

너는 무언의 가르침을 펴는
삶의 위대한 스승이로고.

어느 성시盛市

기억상실증에 걸렸는지
서다말다 하는
닷새장

목도 쇠지 못한 거간꾼
벌건 대낮 아랑곳없이
목로주점 곰보 아가씨와 수작하러 떠난
장터 빈 마당

소 붙잡아 매었던 우시장 말뚝엔
목매기송아지 끌려가던 울음도 이울고
해거름 붉은 햇살만 기다랗게
묶여 있었다

뒤늦게
제 지닌 온통 이것이라고
전 벌인 자리

후덕한 아낙 하나 다가와
부른 값에 에누리 되얹어
지닌 물품 통째 사고

따뜻한 눈빛으로 나를 안으니

내 인생
오랜만에 높은 값을 받은
파장罷場 아닌 성시盛市였다.

오목대梧木臺

항우項羽를 물리친 유방劉邦
고향 패이현沛縣에 들어가
친척 친지 불러 모아 대풍가大風歌를 부름으로
한고조를 꿈꿨으니

'풍요 속을 일어섰다
위세 천하에 떨치고
고향에 돌아오니
모두 수그려
우러러 맞네'

고려 말 명장 이성계李成桂
왜구 수장 아지발도 목 날린 황산대첩 후
조상의 뿌리 깊이 박힌 전주全州 땅
그 승전의 깃발 높이 세운 오목대梧木臺
대풍가大風歌를 따라 부르니
역성혁명을 통한 천하재패의 흉중 드러냄이라

포은 정몽주鄭夢周 만경대에 높이 올라
임금님 계신 곳 저 북쪽을 향해
〈석벽제영石壁題永〉 시 한 수 읊으니
머지않은 훗날을 미리 앎이라

역사는 흘러 이끼가 끼어도
속 깊이 새겨진 옳고 그름 다투는 소리
언제쯤 판가름날까

아우라(AURA)* 서린 오목대梧木臺 아래
한벽당寒碧堂 우러른 물길
예나 이제나 아래로만 흐르는데.

※ 본 작품은 『문맥』 제38호에 게재됨.

---

* AURA : 어떤 사람이나 장소에 서려 있는 특별한 기운, 후광, 광채 등을 뜻하는 그리스어.

오늘로 붙잡혀온 옛 풍경

설익은 젊은이가
회화나무 뿌리 탁자 옆에
쪼그리고 앉아
나이테도 없는 세월을 헤고

돌확에 부단히 담기는 물줄기
긴 흐름의 내통 따로 있는지
넘침 없이
물소리만 궁굴리고 있는데

입 꼭 다문 청자聽者
들음보다 더 빨리 시치미 떼어도
저 밑 잔잔히 쌓이는
미광微光

우거진 괴목槐木 나뭇가지 사이
지저귀는 새소리
돌확에 보리쌀 가는 아가씨의
가쁜 숨결 불러와도

먼 옛날의 추억에 잠길 뿐
마음 바쁠 것 하나 없는
어느 도시 뒷골목의
해거름 정경.

II
잊으라 하심에

내연內燃의 불길

너와 나의
흔적 남기지 않은 속 깊인 사랑

꽃조차 찾아볼 길 없는 무화과로
그저 짙게 여물어

만남도 헤어짐도 따로 없는
완숙

험한 세상 소소리바람쯤
저만치 밀치고 살아온 세월에
보굿처럼 두터워진 낯빛이어도

아무도 모를
활활 태우는 내연內燃의 불길로
시린 가슴 뜨겁게 달구며
오늘을 살고 있네.

※ 본 작품은 『창조문학』 2012 겨울호에 게재됨.

사주蛇酒 권하던 날

넘치는 지혜로 하와를 유혹한 뒤
에덴동산에서 쫓겨나
배 밀어 험한 세상 낮게 기어 살다가
스물다섯 해 전 늦가을
무주구천동 덕유산 골짜기에서 붙잡혀
독한 술병 안에 갇힌 독사 한 마리

제 지은 원죄를 씻고 싶었는지
몸 안 깊이 숨긴
약효를 술에 풀고 품은 향을 토해내어
해맑은 노란 빛에 사과 향 물씬 풍기는
사주蛇酒가 되었구나

하와를 지켜내지 못한 아쉬움 남아
아담의 애플(Adam`s Apple) 어루만지며
아내의 아픔 바라본 긴 세월
이걸로 씻어보자
하와보다 더 간절히 반려를 유혹한다

믿음 소망 사랑
함께 담겼으니
어찌 밝은 빛 고이지 않으랴.

짧고도 긴 메시지

선물 함부로 주는 것
아니라는 생각이 든다고

예쁜 은행잎 모양의 가죽 조각 책갈피
제 마음 읽히는 틈새에
임의 눈빛으로 들어앉아
저를 지켜보고 있어서 그런다고

허공에 날려 보내듯
띄운 메시지

깊이 절 올린다고
그러니 그냥
옆에서 든든하게 지켜만 달라고

마음 복판에 콱 꽂히는
작고 날카로운 촉의 응답

차디찬 겨울 한복판
두 마음 하나 된
이 뜨거운 열기.

뭇별 속에 묻어두고

낮달 뜬 자리
까만 눈망울 어른거려

마주 앉은 다름은
안 보이거나 없음이네

눈 꼭 감고
그려보는 수채화 꽃밭 속에
소리 없이 피어 있는 실눈웃음

가슴 한복판
쫙 펼쳐진 미리내 안에
아무도 몰래 묻어두고
깊은 밤 혼자서 보고 또 보는

별 하나.

※ 본 작품은 2013새만금문화제 시화전 작품으로 전시됨.

지울 수 없는 흔적

마차바퀴에
깊게 패인 봄베이 돌 포장길
오가던 이 찾을 길 없고 사연 묻혔어도
긴 세월 거기 놓여 있었네

끊임없이 아끼고 사랑하는 마음
쌓고 또 쌓다 보면
지울 수 없는 흔적 남을 게고
원형보다 더 멋진 해석 나올 수도 있을 것

족적을 위해 하는 일 아니어도
되짚어 갈 수 있는 유추 있음에
하나하나 가다듬는 옷매무시

어느 쪽에서 바라보아도 모남 없는
둥긂을 위해
미동에도 내 마음을 담네.

그대

수첩의 맨 앞
깃발처럼 내세운 사람이기보다
아무도 몰래
가슴 복판에 새긴 사람

그에 대해 이미 알고 있음보다
그에 대해 알고 싶은 것이
더 많이 남아 있는 사람

눈 마주하고 싶은 사람이기보다
눈 꼭 감고
마음속에 담아두고 싶은 사람

모든 이들과 함께 어울리는 사람이기보다
아무도 몰래
나 혼자서만 같이 있고 싶은 사람

곁에 두고 가슴 벅차하는
느낌표가 아니라
확인하고 그래서 끝내 고개 끄덕이는
물음표와 느낌표 함께 찍고 싶은 사람.

있으라 하심에
– 석정 문학관 개관 1주년을 맞아

석정夕汀이
무거운 마음 달래려

내려감은 눈 안에 반복하여 그렸던
울금바위 우러른 개암사에도
저 물안개 피어나는 서해바다
지는 해 스쳐 지나간 외로운 솔섬에도

눈길 머무는 자리마다
궁항 저 고슴도치 섬 위도를 낳던
그날의 아픔을 딛고
하늘과 땅 새로운 의미로 열리고 있었다

빗발에 섞인
너와 나의 밀어는
안팎 촉촉이 젖어 새움이 돋았고

태초에 말씀이 있음에
모든 게 태어났듯이
명명하는 언어마다
뜻하는 대로 드러냈으니

너는 나를 위하여
나는 너를 위하여
벌써 있으라 하신 이 있었나 보다.

※ 본 작품은 『전북문예』 제2호에 게재됨.

내 우러른 하늘은

구름이 하늘을 씻다가
제풀에 지쳐 푸념을 늘어놓아도
하늘은
아무 말도 하지 않았다

철새들 바뀌는 계절 따라
휘젓는 날갯짓에도
그냥 한 낯빛 변함이 없었다

까만 밤에도
총총한 별들의 위치를 갈래 타며
잠자리 보살필지라도
아무에게도 보임이 없었다

끝내는
돌아와 크게 안기리라는 믿음에
내 우러른 하늘은
언제나 그냥 하늘이었다

내 마음 깊숙이 품어 안은
내 임의 마음같이…….

※ 본 작품은 『문맥』 제39호에 게재됨.

아픔만 보태고 온 만남

채운 기름 소진함을 알고 있는
호롱불
문 틈새 찬바람에 후림 당하고 있는
호롱불

기름 채우려다가는
헐거운 심지 쏙 빠져버릴 것만 같아
이제 여력 다하여
까칠한 안쪽 벽만 핥고 있다

이어졌다 끊겼다 정신 혼미하여도
짙게 쓴 추억
세월의 갈피 따라 정연하게 되살아남에

맺어야 할 삶의 끝매듭이
너무 아쉬워
회광반조마저 저만치 밀치고 있는가

이러지도 저러지도
못한 채
짠한 아픔만 보태고 왔다.

전달, 거기에서 멈추기를 바라며

어쩜 이렇게
내 귀에 솔깃하냐

모든 사랑은
무죄
모든 사랑은
첫사랑

시인 문정희님이 그랬다고
시인 문효치님이 그랬다

오늘 이 말
이렇게 열심히 새긴 것은
그에게 꼭 전하고 싶어서였다

효치가 정희에게서 들었을 때
가슴에 품은 잔잔한 물결보다
내가 그에게 전할 때
훨씬 큰 울렁임이 가슴에 일 것을
알고 있음이다

그 말 전해짐은

거기에서 그만 뚝 그쳐야 한다는
당부와 함께
그의 마음 깊은 곳에 새겨 주리라.

빗방울에 담긴 사연

긴 어둠 속을 달려온 빗방울
창문에 몸 부려
실어온 소식을 써내려갑니다

띄어쓰기도 제대로 되지 않은 종서縱書
육전소설 읽듯 더듬어 읽을지라도
난 벌써
임의 모습 그릴 수 있음이 그저 좋아
조도照度 낮아도 눈빛 밝습니다

그대도 지금쯤
사립문 닫아도 마음 문 열어 놓은 채
보낸 사연 묵언으로 되뇌고 있을 줄 알아
먼 남쪽이 더욱 선합니다

빛보다 추진 물방울이라서
더 촉촉이 젖을 수 있음까지도
그저 감사할 뿐입니다.

※ 본 작품은 『창조문학』 2013연간지에 게재됨.

마음 사냥

저마다 지닌 남다른 장점
차려냄의 차이로
달리 보이는 보물 됨을 알아

돋보이는 불빛 밝히고
살포시 스며드는 향을 피우고
꽃잎 보드라움으로
깃털 가벼움으로

그리고 거기
숱하게 겪어온 익숙한 손놀림으로
전 벌이고 있나니

빛으로 소리로
시視 청聽 후嗅 미味 촉觸 오감을 넘어
저 영감을 통해
흡족하게 적셔들 수밖에

오늘도
저인망底引網 쌍끌이로
품은 정 통째 앗아 내 것 삼는
흐뭇한 삶의 행보.

아낌 갈무리(2)

입 벙긋하면 들킬 것 같고
침묵하면 토라질 것 같아

줄달음치면 흘릴 것 같고
멈추면 넘칠 것 같아

그저 그만한 거리에서
열린 듯 닫힌 듯
지켜나가는 사랑 갈무리

타는 속이야
하나면 족한 것
원형
고스란히 지켜나가고 싶은 마음

오늘도
태양은 함지咸池*에 든다.

———————
* 함지咸池 : 해가 진다고 하는 서쪽의 큰 못.

해바라기(2)

오직 그대를 향한
그리움의 씨앗 여물리는 해바라기
한곳 바라보는 응시로

물결 잠재우며
소리 없이 손잡아 나가는 살얼음
끝내 결빙되기를 비는 마음

결 일면 깨어질까 이는 두려움에
숨결마저 속으로 다독이며
새로움 빚기를 비는
아무도 모를 오싹한 떨림

도강의 기쁨 안고 싶음에
고흐의 노란 곡선을
꼭 감은 눈 안에 사려 담고 있다.

※ 본 작품은 2012. 8. 3일자 『전북일보』에 게재됨.
※ 본 작품은 2012 『전북PEN저널』 제39호에 게재됨.

긍정의 빛과 소리

인적 뜸한 길모퉁이
함초롬히 시간 머금고 있는 꽃으로
머뭇거리다가

나뭇잎에 몸 비비는 바람 소리에
고운 화음 섞는 풀벌레 소리
에돌아나가는 물결소리에
잔새우 허리 펴는 반주소리 엿들으며
시간 끓다가

앙금으로 가슴에 남은 회한
그림자 진한 체념 되지 않도록
긍정으로 아우르는
짠한 몸짓

목표는 늘 그렇게
혼자서 정하고 달려가는 일방통행
받아 안는 이에겐
다다름이 가장 이른 도착이라는 것을
뒤늦게 깨닫는 무딤

사랑하면

새로이 보이는 달관으로
오늘도 넓은 세상 긴 세월
내 것 삼은 기쁨에
찍는 자국마다 감사를 담네.

하나 된 마음

나와 너
짝을 지어야만 살 수 있는
비익조比翼鳥

부딪쳐 이운 반쪽이 아니라
사랑으로 돋아난 반쪽임에
감사하는 나날들

한 목표를
바라보는 두 눈이 되게 하시고
같은 크기로
하늘 젓는 두 날개 되게 하시어

그로 하여 나 있고
나로 하여 그 있음
놓치는 일 없이 살아가게 하소서.

※ 본 작품은 『GCS(밝은사회클럽)내장산클럽』 2012년 기념책자에
    게재됨.

바늘로 내뵈는 그리움

속마음이야
나침반이지

긴 목 뺌으로
한자리 지켜 서지 못하고
시곗바늘 되어 기다림을 저미고 있음은
안달이지

일월성신이
아미를 숙이고
묵언으로 빌고 있는 기도마냥

붙박이이건 떠돌이이건
소리 없이 굳히며
향 짙은 사랑으로 익는
너와 나의 속 깊은 그리움.

Ⅲ 어떤 비감悲感

아직도 한참 멀었나보다

순천만 갈대숲에서 만난
대자연의 섭리
낙안읍성 돌담 사이에서 찾아낸
선현의 지혜
선암사 풍경소리에 담겨 들리는
석가여래의 자비

하루 내내 쏘다니며
안팎으로 만나 듣고 봄 하나하나
제 품은 작은 욕심
부려놓고 살라 이르는데

그럴싸한 자리
제멋대로 제 이름 올려 앉히곤
헤죽헤죽 남모를 웃음 지으며 기뻐하다가
와르르 무너지는 허탈

얼마나 긴 세월에 씻기어
푸른 이끼 돋아야
겉과 속 하나 되는 합일로
이게 저라고 내보일 수 있을까

아무도 모르는
비통의 눈물로
제 아픔 닦아내고 있네.

※ 본 작품은 『눌인문학』 창간호에 게재됨.

제 눈으로 저를 보는

내 좋아하는 빛깔만의 물감으로
수채화 한 폭 그렸는데
원근도 농담濃淡도 제대로 나타나지 않는
범벅이 되고 말았습니다

나보다 더 나를 생각하는
임의 눈빛 아니고는

골짜기 깊숙이 내려와 앉은
산의 정기
놓아버린 물줄기 같은
허울 좋은 빈껍데기

서 있던 자리로 되돌아와
저 천상의 메아리에 귀 기울이며
새로이 받아 안는 빛과 소리
이렇게 꼭 붙잡은 오늘에야

처음에서 끝까지
희생 저 깊이 속 감춘 당신의 호흡
그 없이는 아무것도 이루어지지 않음을
깨닫습니다

제 눈으로 저를 보는
만각晩覺일지언정
이제는 놓치지 않으렵니다.

※ 본 작품은 『말씀과 문학』 2012가을호에 게재됨.

제 선 자리 가늠하기

긴 선분 하나
질서정연하게 눈금 그리고
한 치의 오차도 없이
제 몫의 점 위에 올라섰다

낮고 높음
가깝고 멂
너무도 분명함이 한없이 싫어
곧은 선분 둥글게 휘는 마음

쳇바퀴 돌듯
돌고 돌다가
돈 횟수를 잊어버린 뒤섞임
그런 원주였으면 오죽 좋으랴

내 선 눈금 위에서
살아온 세월의 디딤돌 거슬러 헤며
바라보는 저 먼 출발선
한 점 소실점으로 까마득히
점멸할 뿐이다.

판가름하기 어려운 세상

멀리 던져버려야 할
삶의 찌꺼기가
엄지와 검지 사이에서 돌돌 말린다

요승 신돈辛旽이 밥풀을 빚어
우왕을 만들었다는 허황함처럼
희빈 홍씨가 주초위왕走肖爲王으로
조광조를 죽음으로 몰아가던 흉계처럼

짙은 어둠 속에서
편안함의 등에 오르고 싶은 불량과
그럴 수는 없다는 양심이
한바탕 흑백과 시비를 가리고 있었다

판관判官은
일이 닥칠 때마다 얼마나 어려울까
창밖 짙은 실루엣으로 다가선 솔로몬이
나를 일으켜 세움으로

어정쩡히 갈피를 잡았지만
아무래도 시원치 않아
돌아보고 돌아보는 저 뒤안길.

어떤 비감悲感

사각대는 억새 이파리
9부 능선 미지未知의 공간 더듬음 멈추고
온몸으로 여명을 맞는
집달팽이

제 가짐 모두를 뭉뚱그린 짐
버겁게 등에 진 채
어둡고 긴 밤을
밤새 홀로 걸었으리

영장이라는 무리들
시끄러움이 있긴 해도
한곳을 향해 줄달음침은 똑같나니

되돌아오지 못할 문 앞에 이르러
미리 자지러졌거나
더는 버틸 수 없음을 받아들이는
체념

하늘 바다 맞닿은 수평선
하늘 땅 맞닿은 지평선

그런 뚜렷함도 아닌
이승과 저승의 갈림길에 다다른.

※ 본 작품은 『창조문학』 2012가을호에 게재됨.

하나 되고픈 마음

한 바탕에
두 개의 얼굴 담아놓은 시계

한날한시에 태어났으되
하나는 그리니치(Greenwich) 천문天文 시時로
하나는 도쿄(Tokyo)를 깔아뭉갠 서울 시時로
출발하였습니다

꼭 그만한 시차時差로
제 소임을 다하는 그를 바라보며
그만큼을 보태거나 그만큼을 빼내어야
하나 되는
헷갈림을 안고 살아왔습니다

계산을 묻어두고
얼마 동안 눈길 주지 않은 사이
지친 삶을 마감하고 딱 멈추어 섰는데
거의 같은 시간을 가리키고 있었습니다

하나가 너무 느려서 그랬다는
하나가 너무 빨라서 그랬다는
허튼 생각보다는

오죽 하나 되고 싶었으면 그랬으랴 하는
짠한 마음이 일었습니다

이제는
더 정확하게 바늘을 맞추어서
내 마음 깊이 안장安葬하려 합니다
영원히 하나 되어 살도록.

시간 살라먹기

또래들끼리
머리를 맞대고
시간을 쪼아 먹고 있다

어린 또래들은
풋내 나는 어린 시간을 먹고
나이 든 또래들은
푹 익은 시간을 먹는 건 아닌데도

같은 것을 먹고 난 뒤
포만감을 나타내는 표정이
사뭇 달랐다

어쩌면
살아온 세월의 누적보다는
남은 세월을 헤는
바라봄 때문이리라는 믿음

뭐 그리 아쉬울 게 있느냐고
달관한 듯 태연한 이들일수록
다가오는 어둠에
오들오들 떨고 있는

참 허망한 삶의 모습이
남의 일 같지 않게
눈에 밟혔다.

배려

연리지
묵언의 약속으로도
잡은 손 놓지 않는 지조인데

달 줄달음시키는
구름이랴
잎사귀 울음 불러내는
바람이랴

걸고 쓰고 찍은 사이이면
행여 멀어질세라
한데 꼭 엉겨붙어 있어야지
각기 제 꿈 키우기에 여념 없으니
정말 겉볼안이네

긴 참회
숙인 머리 서로 맞댄
멈춘 그림 한 폭
그리고 있다.

거울 속의 나를 읽다

죽 둘러친 면벽面壁의 차단
홀로 사념만 깊어
더딤과 빠름을 놓친 흐름

탈각의 변화쯤
단숨에 읽어낼 혜안
치켜들고 다가온 가늠자 앞에
해부당하다

자신을 풀어놓은 해탈
체경體鏡에 통째 비추어보고서야
부단히 걸어온 꿈길까지도
올곧은 첩경이었음을 자득하고

이우는 꽃
열매 굳히고 있음을 왜장치며
만삭의 민얼굴 쳐든
일교차 심한 어느 가을날의 해후.

※ 본 작품은 『시의 땅』 제14호에 게재됨.

이 아픔 어찌하랴

그늘 없는 낯빛이어도
마음 골짜기 깊숙한 곳
가부좌를 틀고 앉은 근심 하나

더 밝은 내일을 위해
이제는 시퍼런 칼금을 긋겠다고
어금니 질끈 문 다짐이어도
나목에 스치는 바람도 눈에 밟힌다

세월이 약이라는 처방은
남에게나 이르는 격화소양隔靴搔癢 *
에인 자리 절절이 스미는 아픔
더욱 깊숙이 내려앉으니

손 닿는 곳 발길 이르는 곳
컥컥 가로지른 빗장이라서
넋 놓은 채 그저 털썩 주저앉아
짠한 슬픔만 되새기고 있네.

---

* 격화소양隔靴搔癢 : 신을 신고 발바닥을 긁는다는 뜻으로, 성이 차지 않음을 비유함.

견줌을 놓은 삶이기를

막 하늘 젓고 간 기러기 떼
눈 주어
매듭 하나 맺으려는데

무딤 때문에
더 큰 욕심 때문에
놓쳐버리고 만 허공

어둠 채워
첫 별 깜박이기만 하면
그냥 붙잡아 내 것 삼으려는데

그때는 정말
내 마음 하얀 순수로
가득 채워져 있을지 모르겠어.

고마움 익혀 사는 길

네모의 입구에 집어넣은 것들
동그랗게 배설되기를 바라는 것
그 자체가
순리 아닐지 모르지

'사람'이 '사랑'하는 것
ㅁ을 ㅇ으로 다듬는 삶의 조각彫刻처럼
어려운 것이라는 생각에

부단한 저작咀嚼으로 잘게 부수고
사이사이 소화액 섞어 숙성하였으니
뜻 이루어지리라는 결과 눈 그리며
빌고 또 빌었는데

오늘만은 무엇이 꼬이고 뒤틀렸는지
자르고 찢고 바수고 빻기 전보다도
더 날카로운 날섬으로
창자를 뒤집고 있으니 참 환장換腸할 일

어느 점에서 갈길 되찾아

순리의 본연으로 들어설까
마디마디 맺히는 아픔
큰 가르침으로 받아 안고 있다.

※ 본 작품은 『시의 땅』 제14호에 게재됨.

이제야 철드나보다

깊고 어두운 블랙홀에 빠져
죽다가 살아난 연으로
가끔은 제 것 삼을 수 있는 권한을 얻은지라

어린 동정녀 하나 낚아채볼까
하다 못하면 귀 떨어진 노처녀라도 후릴까
밤새 뒤척이다가

블랙홀쯤 게 눈쯤으로나 여기는
위대한 힘 앞에
흐트러짐 살며시 내려놓고
되찾은 본연

한물에 씻긴 뒤의 맑은 강바닥이듯
먹구름에 닦인 푸른 하늘이듯
순수 머금은 해맑은 기쁨

똑같아 보여도
오늘의 있음은
어제의 있음과는 한참 달랐네.

원격조종

비밀의 열쇠 아니고는
열리지 않는다고 믿은 PC가
아파서 끙끙 앓고 있다

응급실로 달려가기에는
딸린 가솔이 너무 많기에
왕진을 부탁했더니
요즘은 그런 세상 아니라는 핀잔이다

난수표 같은 숫자를 입력하고
관계자 외 출입금지 팻말 앞에
발 동동 구르는 보호자로
지켜보고 있어야 하는 원격조종

짝사랑하다가 속마음 들키던 날
실은 내가 더 너를 좋아했노라
진솔한 고백을 들은 기쁨같이
모든 게 해결된 속 시원함

하여도 나는 왜
구멍 뚫린 가슴에 바람 횡횡 지나가는
허전함을 안아야만 했을까.

부여附與

잊어버린 것조차 잊은
망각이
오랜만에 자신을 방임해도

무릎 깨진 상흔
땡감 씹었던 떫음
어딘지 모르게 몸 배어

덜컥 베어 먹은
저 'Apple'의 빈자리처럼
남은 형상이 자꾸만 안쓰럽다

강 얼음 깨던 날
갈라지는 소리 피안에 이르렀다는
믿음으로

추억 제멋대로 끌어다놓고
그때 그 자리에 있던
제 짝이라고 우기고 있는 가관

진짜 그럴 수도 있는 것이지.

※ 본 작품은 『창조문학』 2012겨울호에 게재됨.

마당 쓰는 풍뎅이

우듬지 잘린 음모陰謀
수액 끈적이는 백기의 흰 바탕 위
가상 시나리오의 악몽이
눈앞 낭자한 피로 번져왔다

한순간에 토라져버리는 관객들
그들은 처음부터
내 편이 아니었다

지리산에 엄포 주고 내리쏟는
남원 요천수
오들오들 떠는 망상을 몇 차례 뒤집어
허공 잡는 허우적댐마저 수몰했다

가상假想을 벗어났다 몇 번을 일러도
주인공은 그냥
발목 잘리고 목 비틀린
누운 채 마당 쓰는 풍뎅이였다.

어처구니
― 2012. 8 태풍 '볼라벤'으로 억장 무너지다

하늘과 땅
어처구니*도 없이
궁합 잘 맞는 맷돌 되어

몸과 마음 다 바친
희망
한순간에 들들 갈아버렸다

선량하기에
가난한 자들
어처구니**가 없어
타는 가슴만 쥐어뜯어야 했다.

---

* 맷돌의 손잡이
** 상상 밖으로 큰 물건이나 사람을 가리키는 말. 어이.

IV
넘치는 기쁨

솟대의 새로 하늘을 보다

마을을 지키는 수호신이었으리
과거급제한 이의 표징이었으리
한 해의 풍년을 기원하는 과녁이었으리
솟대쟁이 올라가 재주부리는 장대였으리

치장 없는 먹새 얹힌 날로부터
하늘 우러르는 앙망仰望과
땅으로 내려오는 서기瑞氣 한데 맺은
신령스러움의 응결

껌벅임 없는 눈빛으로
한 방향 짚어선 집념으로
삶과 죽음을 넘나드는 새 추켜세운
긴 기다림 머금은 솟대

이제
새 없는 솟대는 없는 것이고
도사린 의미
우러른 이의 가슴팍에 안기고 말았으니
새로운 솟대만 있는 것임이네.

※ 본 작품은 『전북PEN문학』 제11호에 게재됨.

생각에서 운명까지

시베리아 툰드라(凍土帶)가
운해를 넘어 보료로 보이던 날

사뿐히 내려앉고 싶다는 생각이
자꾸만 뇌리를 채웠지만
다행히도 말로 바꾸지 않고
깊이 묻어둔 결과인지

우랄산맥을 넘을 때
덜커덩 기체 내려앉는 이상기류를
운명 아닌 현실로 받아들이며
오싹 오금 저린 순간을 맞았다

생각 → 말 → 행동 → 습관 → 성격 → 운명
이런 절차로
생각이 끝내 운명이 되는 거라면

그날의 내 심신은
지금
영원히 녹지 않는 빙벽 속에
갇히고 말았을지도 모른다는
또 다른 하나의 생각이 솔깃이 인다.

엇박자

빠름과 느림/ 많음과 적음
큼과 작음/ 높음과 낮음/ 깊과 짧음
멂과 가까움/ 넉넉함과 모자람
어느 한쪽만을 탓할 것은 아니지

아직도 새움 돋는 가장귀
바로 아래쪽에서
붉은 단풍잎 하나 내려앉으며

깊은 밤으로 웃자란 망상
꼴사납게 나뒹굴고 있는
어쭙잖음을
달래고 있다

무늬가 별것이랴
얼룩도 곱게 보면 꽃이듯이
애잔한 생의 매듭
달리 보면 값짐 아니랴

꽹과리
징
장구

북
한바탕 엇박자의 어울림이
신 나는 흥겨움을 빚어내고 있다.

원만圓滿 빛기

점추이
변추이
면추이
조건을 모두 만족시키는 정다면체

제아무리 작게 쪼개고 쪼개어
그 숫자를 늘려도
끝내 공球은 아닌 것

이욺 쪽에서
모남 쪽에서
응달이 들추어내는 아쉬움을 보라

끝없이 미분하고
그 중에 좋은 것만 적분하여
완전한 정다면체인 공 만드는 일

오늘도
그 목표를 향해
가쁜 호흡을 잇고 있다.

※ 본 작품은 『창조문학』 2012가을호에 게재됨.

가치假齒

고욤나무에 단감나무 접붙이면
단감나무 되지

사람 몸 얼마쯤 바꾸면
다른 사람 될까

가치假齒 하얗게 내뵈는 미소가
어설픔을 넘어
곱게만 보이는 서글픔

입안에 들어온 이물질이
모래알 품은 진주조개
진주 빚어냄만큼의 참음 있으면
내 보물 될까

만족지연*으로
그냥 눈 꼭 감고
오늘을 아우르고 있다.

---

* 만족지연 : (心) 미래의 큰 만족을 위해 현재의 작은 만족을 참는 것.

싸이, 세계를 제패하다
― 2012. 10. 5일에

'강남 스타일'
'오빠 강남 스타일' 글자만 보아도
귀 쟁쟁히 들리는 노랫소리
온몸 들썩이는 말[馬]춤

모르는 이는 모른다
다섯 글자이거나 일곱 자의 글자
안기는 겉 의미를 새길 뿐
가락도 춤사위도 들리지 않고 보이지 않는다

우리나라에서 울려 퍼진 춤과 노래
저 영국을 중심으로 유럽을 점령하고
이제 막 미국에서의 승전보가
메아리로 되돌아와 온 국민이 들썩이고 있다.

얼마만큼이 아는 것이고
얼마만큼이 모르는 것인지
그것을 알지 못해
어느 쪽이 마음 편한지 분간 못해도

싸이, 세계를 제패하였다는 소식엔

그 가歌와 무舞
아는 이와 모르는 이 따로 없이
온 국민이 그저 하늘 닿게 신이 났다.

내 삶의 길잡이

추녀 밑 파고드는 따스한 볕처럼
나도 몰래 찾아든 정겨움에
촉촉이 젖은 심신

오는 중인지 가는 중인지
가늠하지 못하는 엉거주춤함에
흠뻑 내리쏟는 빛

구름기둥이었으리
불기둥이었으리

내 아낌 쏟음보다
30배 60배 100배 값진 격려
디딘 자리 튼실한 구름판 삼아
비상飛翔의 날개를 활짝 펴게 했으니

들이쉬고 내쉬는 숨결 모두
그저
감사로 가득할 뿐.

※ 본 작품은 『말씀과 문학』 제24호에 게재됨.

꿈인가 생시인가
- 2012년 전북PEN·작촌문학상 수상자 선정 소식을 듣고

한곳 뚫어지게 바라보는 응시
드디어 뜨거운 불꽃을 일으키고
온통 집어삼킬 듯 활활 타오른다

현실과 몽환 사이 넘나들던
부단한 사념
끝내 환치마저 놓치고만 순간

우하니 추켜세운 환성
높다란 대들보 위에 건 명성이라니
뿌리도 줄기도 함께 우러른
똑똑 여문 열매이고말고

있음이 있음 아니고
없음이 없음 아니어도
그 한복판에
나 그 증표로 우뚝 서 있네.

낡음 벗어던지기
— 2011. 5. 3 iPhone4 구입한 날

요즘 잘 나간다는
apple의 iPhone4를 손에 들고
눈빛 초롱초롱한 젊은이를 찾아
배우고 익히기

You Tube를 다운받고
카카오 톡에 가입하고
양 엄지손가락으로 날렵하게 자판을 누르며
보굿처럼 두꺼워진 껍질을 벗겼다

길게 살아온 삶
굽이굽이 엮은 초고草稿를 품에 안고
Necktie 풀고 알록달록한 T-shirts 입은
새 지성 앞에 머리 숙이기

정연한 질서 무너뜨리고
점잔뺀 근엄한 사진 바꾸라는 명命에
고개를 끄떡거리며
낡은 사고思考를 닦아내고 있었다

묵은 등걸 한 귀퉁이에서
푸른 새싹 돋은 날.

오늘도 네 손에 이끌려

검푸른 바다의 침묵을 딛고
수평선 가지런함으로
마음 달래려 하면

너는 하얀 파도로 다가와
못내 놓을 수 없는 그리움을
챙겨들곤

그날처럼은 아니어도
잔잔하여서 더 좋을 모래밭을 걷자고
옷소매를 끈다

파초 잎 후들기는 빗소리만
능사이랴
내린 듯 밀어올린 듯
풀잎에 꿰인 맑은 물방울에
귀 종그리는 싱그러움

가슴 복판에 생긴 옹이 하나
잠재우고
참 어쩌지도 못할 어정쩡한 행보로
왔던 길을 되짚어 걷는다.

미필적 고의

바스락거리는 갈탄 잎 아래
숱하게 쏟아놓는 도토리

다람쥐 달려와 먹고 또 먹고
한 아름씩 안고 가
겨울을 나기 위해
여기저기 땅속에 묻어둡니다

하얗게 흰 눈 쌓이고
대지 꽁꽁 언 한겨울 넘기다 보면
한빛 하얀 눈에
오들오들 몸 떠는 추위에
묻어둔 자리 놓쳐버리는 망각

늦은 춘삼월 동토 풀린 자리
도토리 긴 한숨을 내쉬며
뾰족하게 새움 터
한 그루 나무로 꿈 키웁니다

제 가짐을 내어놓은 보상
고의 아닌 망각
잘도 맞물려 또 다른 내일을 열어갑니다

바람은
제각각 풀어놓는 공치사를
사방으로 퍼뜨리고
우리는
꽤 깊은 각도로 고개를 주억거리며
미지의 세상을 터득합니다.

※ 본 작품은 『눌인문학』 창간호에 게재됨.

알고 겪는 아픔

아쉬운 눈빛으로
빛의 끝자락 사리고 나면
우하니 밀려오는 어둠의 정적

모두가 뒤섞인 거기
내 마음 풀어낸 자리만큼
네 사정 파고든 순간에야

나의 사랑 때문에
끙끙 몸살 앓는 너임을 알아낸
우둔

다독인 이름으로
한 차원 높은 사랑의 행보를 내디딜 터라
너
더 큰 아픔을 안아야 할
사랑 예감

곱게 아우른 삶의 한 아퀴
둥글게 비추어줄 밝은 빛이
섬돌 위 헛기침마냥
여명으로 다가선다.

지켜보는 눈길로

얼레빗으로
참빗으로
봉두난발한 내 마음을 곱게 빗질한
당신

가끔은
마파람에 휘휘 휘날려
흐트러뜨리고도 싶지만
칠보화관처럼 얹혀 있는 당신으로
그저 눈빛 맑습니다

시치미 뚝 떼고
먼 산 바라보듯 아무 말 없어도
날 지켜보고 있는 당신임을
내 압니다.

끈

매임만이랴
이음의 맥이기도 한

보임만 이랴
보이지 않음이 더 많은

저 팬터마임의 주인공이
건너에 있는 물건 잡아당기는
보이지 않는데 보이는 것 같은

저 가늘고 질긴 줄

좋건 싫건 모두다 끊어버리고는
홀로 살 수 없음을 알아
끈
꼭 붙잡은 연鳶의 흰 눈빛으로

이음의 맞은편 실존에
깊이 머리 조아리고 있네.

넘치는 기쁨(2)

잔잔한 호수에
아예 낚싯바늘이 없거나
있다 하여도 미늘 없는 놈
깊게 드리우고
세월을 낚고 있다

생각지도 않게
호심湖心 물려 나오면
아가미 상처 나지 않게 곱게 빼
더 깊숙이 던져 주고
묻은 물기만 쓱쓱 바지춤에 닦았다

다래끼에 가득 담긴 묵직한 시간
낯익은 고샅에서 만난 이들에게
한 줌씩 나누어주어
제자리에 오면 끝내 텅 빈 그릇이 되어도
포만감에 저녁상을 저만치 밀쳤다

세월을 다스리지는 못했어도
가까이 손잡은 채
고이 사귀었다는 기쁨
마음 가득 차고 넘침에서이리라.

※ 본 작품은 『석정문학』 제24호에 게재됨.

길 거슬러 달려온 시인
― 정호승 시인의 문학 강의를 듣고

나뭇잎 하나 까딱하지 않는 정적
그리고 얼마 뒤 정적 채우고도 남을 크기로
밀려오는 폭풍우
그렇게 맞이해놓고는
벌써 깨우쳐 알고 있기라도 한 양
폭풍우 전야에는 언제나 정적이 있는 거라고

느끼고 깨닫고 각오하는 온갖 체험들
궁굴리고 키우다가 더 버틸 수 없어
질펀하게 나열해 놓고는
그런 산문으로써는 시가 될 수 없다는 만각에
꼬리 자른 뭉뚝함으로
역설이거나 반어법 같은 주장 하나

시詩란
산문과 운문의 결연으로 이루어지는 것

아무도 들여다보지 않는 생의 뒤안길
뭉뚱그린 실뭉당이에서 실을 풀어내는
거스름을 잇고 있는 나는
허허벌판에 선 고군분투의 시인으로
벌써 사랑과 죽음의 문 앞 서성이는
성자가 되고 있었네.

자기 최면

윗머리에 앉아 뻗은 손길로
더 높은 하늘 부여잡으려고 다툼하던
무리들의 몸부림

딱 십 년을 똬리로 깔고 앉아
제 모가치 셈한 값
추켜세운 키 높이를 견줌 하는 자리

환한 웃음
부침의 곡선궤도를 어지러움 없이 탔고
앞으로도 그럴 자신이 빚은
결과가 한결 빛났다

어느 누가
낮음에서 빚은 크기의 위대함을 터득한
이 일념의 질주를
감히 이길 수 있단 말인가.

V
그마저 몰라도 좋을

속 깊은 혜안으로

안쪽
이는 고통을 돌돌 말고 있다

고슴도치마냥
제 나름의 날카로움 밖으로 내세워
더 큰 아픔 막아내고 싶음이다

빛이 어르고
소리가 다독여도
미동도 하지 않는 가사假死

싱싱한 맹그로브로
분신 틔는 날이 오면
흠欠 없는 온전함이어야 하지 않겠나

산모퉁이 에돌아 나가는 물길 눈 따르며
그냥 계절을 헤다가
뒤늦게 줄달음치는 일이 있어도
오늘에야 어쩔 수 없는 붙박이

혜안으로
그 좋았던 날들
손꼽아보고 있을 뿐이네.

※ 본 작품은 『말씀과 문학』 2012가을호에 게재됨.

새 터에 씨를 심으며

그저 30만큼 이루어지기를 바랐고
누累 되는 일만 없다면
60 되기를 몰래 바라기도 했지요

얽어맴은 더 굳어져
트인 숨구멍 막혀 오고
벽은 날로 두터워져
어둠만 농익어 갔지요

주어진 사명이라면 받아야 한다는
손 모은 자성自省이면서
마지막 펴보는 어리광에
알았다 하고 주신 선물 100이었으니

가짐 모두를 주어버린
당신은 어찌합니까

감사한 마음으로
지닌 신심信心의 씨앗 알차게 심으리니
그저 튼실하게 싹틔워
언제나 초심으로 살아가게 하소서.

부닥방망이 *

너 나 없이 지니고 싶은 것
하나

모자람 없이 갖고 싶은 물욕
하늘 끝까지 오르고 싶은 명예
모두를 잡아 휘두르고 싶은 권세
그 욕심 훌훌 털어버리고

깊은 정으로 이어지는 천륜
목숨 바쳐 지키고 싶은 사랑
베풂보다 더 많이 채워지는 축복
그리고
저 천국을 향해 쌓는 믿음

이루어낼 수 있는 방편 된다면
오죽 좋을까

오늘도
그 하나 얻고 싶은 마음으로
험한 세상 한복판에서
도깨비와 씨름하고 있다.

---

* 부닥방망이 : 도깨비들이 가지고 노는 신통한 방망이.

터다지기

하늘 기운 내려오고
땅 기운 오르다가
소리 없이 마주친 균형에
나무줄기 파르르 몸 떠는 곳

빛이랴
소리이랴
세상에 흝은 귀함
얼기설기 엮어낸 둥그런 둥지

온기 서린
속 깃털 뽑아
밑바닥에 고이 깔았으니
꿈 잉태하는 보금자리 삼으소서

고고성 울리는 날
그저 길손인 양
빛 우러러
환한 미소 지으리다.

※ 본 작품은 『말씀과 문학』 2012가을호에 게재됨.

자신의 어깨 위에 얹는 잠언

물 위에 떠 있는 부평초이듯
붙박음 없어도
그건 매임 아닌 자유로움이니
그대 스스로 세상을 품어라

시와 같은 사랑
소설 같은 사랑
짧으면 짧은 대로 길면 긴 대로
품은 가치 따로 있나니

어느 때 어느 곳에서나
너를 아끼며 떠올릴
전천후 사랑을 하며 살아라

천천히
저 아디지오의 여유로움으로
속 꽉 찬 내밀 엮어나가면
더 부러울 것 없는 삶 되리니.

중용中庸의 길
— 2011. 11 국회에서 한·미 FTA 통과된 날

사이〈間〉의 중함을 알아
인간人間으로 살면서

오직 앞면과 뒷면만 있고
이쪽도 저쪽도 아닌
불편부당의 땅 저 공존의 영역
서로 어우러지는 측면을 놓치고 사는 군상들

흑黑 아니면 백白이라고
백白 아니면 흑黑이라고
상극논리만 난무하는 세상

아니지
정말 아니지
흑은 아니지만 백 아닌 것도 있고
백은 아니지만 흑 아닌 것도 있는 것

'아름답다'와 '추하다' 사이에는
아름다움 머금은 추함
추함 입에 문 아름다움
수없이 많은 섞임이 그 중간에 있는 것이지

중용中庸의 큰 가르침이
그늘을 지우며 밝음으로 다가와
몽매함 씻어내 주는 환한 날
어서 다가오기를 손꼽아 기다리고 있다.

하여도 임은 영면하소서

손 편 차양으로
시린 빛 가리고 건너다보면
어렴풋이 얼굴 알아볼 수 있고
한 음계 높인 톤으로 소리쳐 불러보면
고개 돌리는 거리에서

하던 일 저만큼 밀쳐두고
자꾸만 뒤쪽을 돌아다본다 싶더니
손사래 한 번 쳐주지 않고
그냥 뚝 한 세상을 접으셨군요

건너지 못할 깊은 강
더 너를 줄은 알지만
이제 이 눈길 어디를 향할 것이며
이 부름의 메아리 어디서 찾을까요

가슴 깊은 곳으로 내려앉는
날벼락의 빛과 우렛소리
어찌 감당할지
그저 앞이 캄캄할 뿐입니다

오늘은

헝클어진 이 심신 가눌 수 없어
그저 넋 놓은 채
향불 연기만 바라보고 있습니다.

※ 본 작품은 『창조문학』 2012여름 세미나 책자에 게재됨.

이제는 하나
― 2012년 12월 18대 대선 마친 날

중간은 존재할 수 없는 너른 폭으로
쩍 갈렸다
맞은편은 도저히 용납할 수 없는
철저한 적敵

같은 모양 같은 크기로 마주 서서
내지르는 날선 독설
짙은 아픔이 시뻘겋게 드러나고
상흔이 내려앉았다

저만큼 음흉 실실 입가에 문 어부
다가서고 있는 줄도 모르고
방휼지세蚌鷸之勢의 조개와 도요새로
다투고 있을 수야 없지 않은가

잘 되자고 하는 일
저 아래로 쫙 내린 지퍼의 손잡이
힘차게 위로 끌어올리듯

어깃대던 날선 톱날 하나하나
포용과 승복으로 곱게 봉합하여

더 멋진 하나를 이루자

이 나라 이 민족의
저 찬연한 내일을 위하여.

마지막 도움닫기

머리에서 발끝까지 수술한 부위
어찌 줄줄 외우지 못하랴
본인은 몽혼으로 마취로 놓친 자리 있어도
지켜본 나는 모두다 가슴팍에 새기고 있는데

하여도 컥컥 말문 막힘은
작게 크게 간 떨어질 뻔한 놀람에
애간장 녹아내린 아픔과
머릿속 파 먹힌 쓰린 세월에
그 순서를 까맣게 놓침 때문이지

보폭 고르게 길 가던 천사
어둠 밝히는 햇빛마냥 뚝 발길 멈추고
허준 편작 저 이름 있는 명의들
몽룡이 방자 부르듯 한곳으로 불러 모아

렘브란트*의 그림 〈탕자의 귀향〉에 그려진
어머니의 사랑으로
아니 저 하나님의 손길로
꼭 고쳐주어야 한다는 당부

저 쿵쿵 가슴 뛰는 소리 내려놓음

들리지 않는가
저 찡그린 모습 환히 펴는 모습
보이지 않는가

훌훌 털고 일어서게 하소서
그늘에 쭈그리고 앉아
한숨 내리쉬는 이들 앞에 간증하는
허리 곧추세운 증인되게 하소서.

---

* 렘브란트 : 네덜란드의 화가.
  그가 그린 '탕자의 귀향'에 아버지의 두 손을, 오른손은 여자의 손으로 왼손은 남자의 손으로 묘사하여, 어머니와 하나님의 손을 그림으로써 어머니의 사랑과 신의 사랑을 동격화 하였다 함.
  (이 내용은 김성의님의 〈강물 되어 강을 건너다〉에서 인용함)

짧은 인생을 영원한 조국에
― 소전 손재형님 뒤 따르기

Ⅰ. 울돌목 우는 물길
  그 의미 새긴 마음
  소전素箋의 뒤 따르며 진도를 속 품었네

Ⅱ. 용장산성 호국성지 삼별초군 대몽항쟁
  곳곳에 왜구 물리친 흔적
  눈시울 적시며 마음을 에는데
  첨찰산 정기 소록소록 피워내는 운림산방
  찾은 이 위로하여 용기 줌에
  곳곳 스민 보배 새로이 눈길 줄 때

Ⅲ. 소치小痴 도인 깊은 숨결 가슴에 아로새겨
  서예書藝의 주봉으로 구름 뚫고 솟은 분
  소전素箋 손재형孫在馨님
  보배 중의 보배로 가슴을 꽉 채웠네

  전篆 · 예隸 · 해楷 · 행行 · 초草
  한자漢字 쓰기 두루 섭렵한 터전 위에
  천天 · 지地 · 인人 삼재를 바탕으로 한 모음
  아牙 · 설舌 · 순脣 · 치齒 · 후喉 생김을 근거한 자음
  곱게 어울린 한글서예의 금자탑 세웠으니

  점 하나 찍음 따라
  소리 쟁강 들리고

가로 세로 긋는 획
　　정맥正脈의 멈춤이요 강물의 흐름이라

　　산수화山水畵에 사군자四君子 아로새긴 전각篆刻
　　'씀의 예술'에 덧보탠 금상첨화이니
　　서즉화書卽畵 화즉서畵卽書요
　　시와 그림 한데 어울린 격조 높은 문인화文人畵
　　시중유화詩中有畵 화중유시畵中有詩였네

Ⅳ. 서법書法 서도書道의 의미 뛰어넘는 '서예書藝'로
　　우리나라의 위상 정립
　　스승의 스승인 추사의 세한도歲寒圖를 찾아온 열정
　　충무공 애국심 높이 받든 예인의 깊은 혼을
　　벽파진전첩비 888자에 아로새겨 담은 열과 성
　　그 마음 하나하나 우러러 따름이
　　오늘을 살아갈 우리네 충성심 아니랴

Ⅴ. 한 서린 진도아리랑 가락
　　귀 쟁쟁 감아 돌고
　　강강술래 춤사위 너울너울 눈에 뵈는
　　진도 문학기행.

※ 본 작품은 『전북문단』 제67호에 게재됨.

시인 그 이름 하나만으로도

어머니
낮과 밤 품은 하늘과 뭍과 바다 아우른 땅
열린 복판에 서서
아름다운 소리 고운 빛 흠뻑 품어 사는데

있으되
아직도 이름 붙이지 못해
제 것 삼지 못한 무엇이 있어
이리 불만입니까

언어로 곱게 그린 한 폭의 그림
언어로 빚은 아름다운 한 자락의 노래
제대로 빚어내지 못해
조국 고향 어머니 몸 자궁으로 거슬러 올라가는
긴 긴 마음의 여정
매끄럽게 되짚지 못한 한이오리까

어머니
창조주 하나님과 인간 사이에 놓인 시인
그 이름으로 살아갈 수 있음을
자족하게 하소서.

물의 가르침
— 온글문학회 용담호 문학 콘서트에 참여하여

사람은
움직이는 물통이고
삶이란
몸 안 물의 양 줄어가는 과정이래

원천源泉 용담龍潭이 길러낸 무리들
어머님 품에 안긴 채
닮은 얼굴 마주 바라보며
품은 기쁨 충일한 날

빈자리 그 생긴 모양대로
그득 채우고
언제나 낮은 곳 더 낮은 곳으로
흘러가는 겸양
다소곳이 배워 익히는 고운 자세

텅 빈 심신
또 이렇게 흠뻑 채웠으니
가물어도 메마르지 않게
한물져도 넘치지 않게
오늘 지켜 사는 삶 이어가게 하소서.

가을 한복판의 기도

오늘은 가을 한복판
달달 볶이며 벌 받던 여름도
추위에 떨며 돌돌 몸 움츠릴 겨울도
까맣게 잊고 사는 충만의 계절

시샘 없이 한데 어울려 고운 빛 몸 가벼움으로
하늘을 찬미하는 코스모스
아픔 없이 쓰림 마디마디 점철하고도
짙은 향으로 공간 꽉 채우는 구절초

끝없이 펼쳐진 지평선
그 펼침 어찌 넓으며
산 깊고 물 맑은 산굽이 좁은 여울
그 가까움 어찌 갑갑하랴

몸과 마음 더 낮게 내려놓은 채로
사랑하며
사랑받으며
저 하늘 우러러 기도할 수 있는 곳

임이시여
더 가까이 손 내미시어
뜨거운 응답 내려주옵소서.

그마저 몰라도 좋을

나뭇잎 간질이는 바람결에도
들키고 싶지 않은
그런 사람이 있습니다

그리움 안겨주고
꿈을 키워준
누구에게도 내보이고 싶지 않은
그런 사람이 있습니다

그가 필요하여 사랑하는
미숙한 사랑이 아니라
사랑하기에 그가 필요한
성숙한 사랑을 하고 싶습니다

매지구름* 한 조각도 범접 못할
푸른 하늘
곱디고운 사랑의 궤적으로
꽉 채우며 살고 싶습니다.

※ 본 작품은 『전북문단』 제69호에 게재됨.

---

* 매지구름 : 비를 머금은 검은 조각구름

범접 못할 승자로
― 2012년 광복절에

미워하는 마음조차
겉에 내보이기 싫을 만큼
미운 놈이 있습니다

그 미운 마음
속으로 되뇌고 있음은
겪은 아픔
영영 잊힐까 저어함입니다

오체투지의 낮은 자세로
제 잘못을 비는 것까지도
차마 꺼내지 못할 만큼 두렵도록
우리의 위상 높아지기를 빌고 있습니다

태극太極이 빨간 동그라미를 덮어버리고
하얀 빈자리 네 귀퉁이에
4궤 깊은 의미 새겨 넣는 승리의 그날
지나온 죄상 하나하나 일깨우며

'독도는 우리 땅'
당연한 외침을 훌쩍 넘어
일본 열도는 우리 문화 속의 우리 것임을

만천하에 표방하려 합니다

하루하루가
태극기 힘차게 휘날리는
영원히 범접 못할
승자의 광복절이기를 빌며 삽니다.

회복의 열쇠
— 심령부흥사경회 강사 백동조 목사의 말씀을 듣고

우리의 죄를 대속하시기 위하여
이 땅에 오신
예수 그리스도로
구원 얻었다 만족하지 말고

우리로 하여금 깨어 있든지 자든지
자기와 함께 살게 하려 하신
임마누엘로
그 목적에 부합한 삶을 사소서

복음 안에 행복이 있나니
복음 안에 눈부신 미래가 있나니

깨달음의 지知와
뉘우침의 정情과
마음을 다하는 의意인
인격적 회개의 명령에 순응한 삶을 사소서

불쌍히 여김과 욕을 당하지 않음과
저주를 떠나게 하심과 큰일을 행하게 하심과
힘을 내게 하심과 원천적 자원을 공급하심과
넘치게 하심과 갚아주심과 수치를 면하게 하심과

그리고 끝내 우리의 여호와가 되어주신다는
저 크신 사랑의 약속

우리의 영원한 삶의 지침일진저.

※ 본 작품은 전주새중앙교회 2013년 2월 회보에 게재됨.
※ 본 작품은 『말씀과 문학』 제24호에 게재됨.

---
* 요엘서 1장과 2장 말씀과 데살로니가 전서 5장 말씀 중에서

바람이고 싶다

바람
너는 좋겠다

어제와 내일 아랑곳없이
늘 오늘 위에 올라앉아
무게를 견주지 않아도 되는 바람
너는 좋겠다

가고 멈춤에 매이지 않아도 되고
만나고 싶은 곳 찾아들어도
아무도 볼 수 없는 바람
너는 좋겠다

가벼운 산들바람
모든 걸 휩쓰는 세찬 바람
누가 너의 강약을 따지며
왜 옆으로만 간다고 시비하랴

나
그저
한 자락 바람이고 싶다.

■ 발문

'하나'란 철학으로 응결된 시 정신, 그리고 시의 형상화
- 김계식 시인의 시는 인간학의 우듬지이다

소재호(시인, 석정문학회장)

　김계식 시인은 한 생애 동안 도도하게 굽이치는 강 한 줄기를 열고 있었다. 처음은 남상濫觴에서, 빗낱 몇 개 듣는 정도의 지점에서부터 차츰 물줄기는 굵어져서 세찬 기세로 양안兩岸의 절벽을 때리며 소용돌이를 일으키기도 하고 급기야 상류에서부터 솟구치며 용출湧出하는 괴력을 발휘하기도 했다. 계절 따라 온갖 색깔로 물드는 두승산斗升山의 정기를 담아 내리는 물줄기는, 뭍에 머문 초목들에게 생기를 뿌리며 가멸찬 행진을 계속하는 것이었다. 사실 강물은 무한히 생령을 거느리는 생명줄이기도 했다.
　젊은 시절, 혈기방장血氣方壯하던 김 시인은 자기 계척啓石의 줄달음을 잠시도 쉬지 않았다. 그러면서도 빈핍貧乏을 강요당하는 고단한 운명의 시절도 있었으리라. 좌절감과 낭패

감으로 잠시잠시 암울한 내벽을 두르고 실의에 젖던 시기도 있었으리라. 그러나 엄혹한 밤 기슭을 토파討破해 나온 대견스런 물줄기, 멈춤을 허락지 않는 의연함, 신념을 곧추세우며 자신을 휘감는 채찍질로 영일을 멀리했던 시절도 있었으리.

그는 한평생 교육계에 몸담아 2세 교육의 현장에서 의연하게 교편을 잡았다. 또는 도교육청 행정직에서 일선 교육에 효율적으로 지원하는 소임을 충실히 수행하기도 하였다. 스승다운 스승으로서 제자들 훈도에 정려한 그의 생애는 참으로 고매하였다고 이를 만했다.

강물은 유유히 흘러서 웅덩이는 채우고서야 넘치고, 막아선 장애물은 넘어서거나 휘돌아나가는, 양양한 슬기의 연파連波로 대하大河를 이뤄나갔다. 이제 중류에 물줄기가 닿는다. 소리소리 터뜨리던 거친 소용돌이도 잠잠해지고 고요해졌다. 오직 청정함, 오직 맑고 깨끗함, 그 성정으로 흐르므로 물은 속 깊이 파랗다 못해 잉크 빛이었다. 이때 푸른 하늘도 발목을 담그며 나직나직 내려섰다. 강심에 모든 사연과 갈등과 대립의 구조를 침잠시키면서도, 모두 다스리며, 강둑을 따라 거스름 없이 흘러내렸던 것이다. 강물은 우리에게 안 보이는 것으로 충만하도록, 우리에게 들리지 않는 소리를 심연深淵에 가다듬으며 고요히 그 흐름을 이어갔다. 강심은 이렇게 무궁무진한 인문학적 상징을 띠었다. 모든 주변 색깔도 그 원색을 묻으며 파란 색조 안에 물들었다. 떠내려 오던 산 그림자, 저 사운대던 산의 메아리, 그리고 강바닥을 할퀴던 거친 마찰음, 거세게 너울을 세우던 바람결, 모두 모여 하나의 침묵이란 합성법으로 길들여졌다. 모든 샛강들은 골골이 이끌고 와서 중류에 합수하며 자기 개성들을 움츠렸다. 온갖 사상事象, 온갖 주장, 다 모여들되 고유한 저들의 결기를 몽그라지게 했다. 강물에게는 역순이나 역설이 통하지 않는다. 그 구조, 그 질성은 거룩한 신의 섭리와 같다. 한편, 강물이 도도해질 때, 거기에는 모두가 멈춤, 머무름의 이미지를 띤다. 선禪에 가까운 그야말로 정정正定인 셈이다. 그리고 보이는 것과 보여지지 않는 것들이 서로 중화中和를 이룬다. 잔잔한 강의 숨결이 표면에 부단히 생동하지만, 거대한 보편자가 엎드린 듯하다.

김 시인은 그렇게 보편자가 되어갔다. 파란만장한 시대의 질곡을 헤쳐 나오며, 자신은 스스로 은일사상을 여미면서도 그의 행장은 모범된 인간학의 실천자였다. 강은 가끔 천리天理의 경經을 암송한다. 서정주 시인이 '먼먼 젊음의 뒤안길에서 이제는 돌아와 거울 앞에 선 누님 같은 꽃'이라 했듯이, 무서리 내리는 영락의 계절 앞에 의젓한 차림으로 그렇게 인생의 5막극 그 서장에 접어들 즈음, 은성 깊은 인문학을 열려고 하는 것이다. 사실 시는 인문학의 가장 우듬지가 되는 셈이다.

순리를 좇아온 강줄기 - 그것은 자신을 대아大我로 나아가게 하는 값진 인생의 경영법이었다. 강둑을 넘치지 않게 가만히 정진하면서도 만상의 현실태로 영상한다.

동양적 이미지로 강은 결별(별리)이요, 단절이며, 생과 사의 갈림이다. 차안此岸은 이승이고 피안彼岸은 저승이다. 그러나 서양에서의 강 이미지는 만남과 생성과 함께 어우러짐이다. 여기서 김 시인의 강은 중화요, 포용이며, 생동이다.

공자의 말대로 충서忠恕를 머금는다. 만물의 상호 조응이며 조화이다. 한편 자신의 정화이며, 순리의 도에 나아감이다. 그리고 공동선에 정진함이며, 융합의 과정이며, 군자의 도를 지향함이다. 산야를 횡행하는 물줄기는, 정의와 인도를 현현하며, 자애와 인仁을 구현하며, '큰 하나됨'에 정진하는 군자의 행로이다. 산에서부터 흐름을 시작하였으되 탈속脫俗의 자기 율기律己를 곧추세우며 인간성을 융숭하게 보양하면서, 그리하여 장강을 이룬 것이다.

  김 시인은 또한 3.5의 인간성을 누린다. 삼(3)이란 하나 보태기 둘일 때 그 산출치의 값이다. 1+2=3이라고 할 때, 이는 명명백백하다든지, 적확하다든지, 원칙적이라든지 하는 인문학적 개념을 동반한다. 그런데 김 시인에게는 0.5가 가산된다. 0.5는 전체 3.5의 7분지 1인 분량이다. 이 0.5는 김 시인에게서 윤기 어리는 플러스알파라는 개념이다. 진중한 교육자로서, 신앙심 돈독한 신앙인으로서, 유전적 가통의 도덕인으로서, 완벽에 가까운 인품을 송두리째 거머쥔 선비에게 필자는 좀 색다른 변인을 불러일으키려는 의도로 맹랑하게(?) 0.5의 산수를 들이댄 것이다. 김 시인이, 원칙론적 '삼(3)'의 인생으로서는 절대로 시인이 될 수 없을 것이란 점에 착안한다. 시의 내밀한 속성은, 사물을 비틀어 보거나 뒤집어 듣거나 보편타당한 일반 상식을 파격해야 하는 점도 있기 때문이다. 가령 기독교적 인생관을 뒤흔드는 약간의 괴변도 수용해야 한다. 스스로 말하기를 '하느님과 인간의 중간자로서의 시인'을 흠모(경모)하되 자신은 그럴 능력이 부족함을 고백한 시구詩句가 있었음에 주목한다. 보편타당한 격률格率(준칙)의 삶에 약간(0.5) 거스른 여유가 김 시인에게 있다. 술을 삼가되 술자리에 적극 어울리는 배려심(0.5)이 있다. 약간의 낭만풍이라거나 풍류인의 기개가 0.5분량쯤 그에게 서린다. 뭐니뭐니해도 남에게 배려하고 인심을 베푸는 아량이 김 시인에게 잠재해 있다. 그의 시는 인간성과 항상 제휴한다. 세상을 따뜻하게 보고 훈훈하게 새긴다. 이점까지 0.5분량의 성정이다. 또한 겸양과 겸손으로 자신의 거처를 아랫녘에 둔다. 남 앞에서 달변을 늘어놓지 않는다. 그는 철저히 인성함양의 길로 잠행한다. 아집我執과 아착我着을 비워낸다. 그때에 그의 용기容器에 넘치는 분량의 수치가 0.5인 것이다.

철학자 데이비드 흄은 '인간학'을 수립하고 '인간정신의 지도'를 작성한 사람이다. 그는 말한다. '철학자가 되어라. 그러나 철학 가운데서도 여전히 인간이어라!' 여기에 김 시인의 경우를 대입시켜 '시인이 되어라. 그러나 시인 가운데서도 여전히 인간이어라!' 이쯤해서 필자의 마음이 후련해진다.

그러나 다시 강조할 말이 있다. 김 시인은 도덕군자형의 전범典範인 동시에 또한 멋을 아는 낭만인이지만, 역시 독실한 기독교인이란 점이다. 이때에 문득 상기되는 말이 있다. 스토아학파의 철인 토마스 아퀴나스의 말이다. '덜 귀한 것은 좀 더 귀한 것을 위해서 있고, 감각은 지성을 위해서 있듯이, 개체는 전체를 위해서 있고, 또 전체는 신의 영광을 드러내기 위해서 있는 것이다.'

이제 몇 편을 무작위로 골라 약간의 평을 얹고자 한다.

짙푸르던 산
찌든 삶의 찌꺼기를 씻기 위해
긴 그림자를 끌고 하산하여
맑은 시냇물에 몸 담그면

솔잎 향도 배어나고
산새들의 노랫소리도 녹아나고
끝내는
하늘 우러르던 긴 묵언도 풀렸다

오싹한 떨림으로
제 몸 추스를 즈음
산 그늘 겨드랑이를 파고드는
쉬리의 유영 잔새우의 어깨춤
그리고 서걱거리는 모래알들의 눌언

산과 물
가을 영금 속에
그냥 하나가 되었다

― 「산과 물 함께 영그는 중」 전문

  제1연은 속세를 벗어나기 위한 탈속脫俗의 행적이다.
  제2, 3연은 자연 친화요, 자연귀의이다. 하늘과도 교감하기 시작한다. '긴 묵언도 풀려' 하늘은 우러름의 신비에서 벗어나 함께 어울림의 동반자가 된다. 노자의 『도덕경』에 '스스로(自) 그러한 대로(然)'의 경지이다. '삼위일체론'을 들고 나왔던 교부철학의 대가 아우구스티누스도 역시 '스스로 그러한 대로'를 역설한다. "생명은 스스로 생성되고, 스스로 변화하여, 스스로 돌아가는 '스스로 그러한 자'이니, 생명은 자유이다. 진리가 너를 자유롭게 하리라."라고 말했다. 자연과 내가 하나 되는 '물아일체'가 이 시의 테마이다. 모든 시적 질료들은 형상성을 띠어 의인태를 갖춘다. '산과 물' '가을의 영글' 그리고 여기에 내가 융합되어 하나가 된다고 했다. 천리天理가 담상담상 스며 있다. 자꾸 '하나'라는 어휘가 등장한다. 힌두교에서, 큰 하나를 브라흐마(유일자)라 했으며 작은 하나를 아트만(개별 영혼)이라 했다. 시어로 어떻게 '하나'라는 말을 선뜻 챙겼을까? 매우 경이롭다. '하나'는 『천부경』에서 온 세상의 처음이자 끝이라는 의미이며, 『삼일신고』에서는 일신一神이며, 『성경』에서는 하나님이요, 힌두교에서는 브라흐마요, 『불경』에서는 불이며, 도가에서는 도이며, 이슬람에서는 알라라 한다. '하나'는 대개가 전지전능한 창조주요 절대자이다. 모든 지상의 경經에서 '하나'는 제1장 총론인 셈이다.

> 꽉 찼다 싶은데
> 실금 같은 미동 일어
> 까치발 딛고 담 너머를 바라보는
> 또 다른 눈빛
>
> 견주지 말자고
> 탐내지 말자고

가지런히 다독인 평평한 마음이라서
감추어도 도도록이 불거진다

손사래 치며
또 얼마를 다독여야
솔개그늘조차 드리우는 일 없이
맑고 밝음만 차고 넘칠까

받은 빛마저 통째 쏟아버린
얼굴 이운 낮달이
하얗게
중천에 떠 있다.
ㅡ「낮달」의 전문

  가득 차 있음과 텅 비어 있음을 같은 질량으로 보았다. 얼마나 통 큰 괴변인가? 시가 이쯤 되면 시인의 인간학(인간성)이 읽힌다. 자신을 비워낸 성자聖者의 마음이다. 모두에서 군자의 도에 대해서 운위했지만, 대인으로서 공리公利, 共理를 행하려 함을 달의 차고 기욺에 빗댄다. 빈손으로 와서(살아오면서 받았던 모든 수혜를 다 비우고) 빈손으로 돌아감을 시에 메시지로 안치했다. 장자의「제물론」에, '생은 사에 의존하고, 생성은 파괴에 의존하며, 있음은 없음에 의존한다. 다시 통틀어 하나가 된다.'고 했다. '받은 빛마저 통째 쏟아버린 얼굴 이운 낮달'은 성인의 이미지로 역시 의인법의 테크닉이 절묘하다.

이울고
또 이울고
찾을 길 없는 빛과 소리

어렴풋한 방향을 짚어 솟아나는
푸른 잎사귀
어느 때 어느 곳에서
이루어낼 해후邂逅이더냐

한恨이라서
같은 이름으로 불려도
끝내 등진 대답
언제 어디서 하나 될 것인가.

— 「상사화相思花」의 일부

  인간의 운명론 같다. '어느 때 어느 곳'은 현실의 시공이 아니라 내세쯤 되는 가상의 시공이다. 남북 이산가족 찾기로 한반도가 울음바다가 된 때가 있었다. 다른 나라 사람들까지 마냥 따라서 울었다고 한다. 이산가족의 상봉 행사가 문득 상기된다.
  같은 이름으로 불려도(한민족, 한핏줄, 한언어를 쓰는, 온통 동질성의 사람들이) 끝내 등진 대답, 도대체 '언제 어디서 하나 될 것인가? 김 시인에게 이미 '하나'는 매우 상위 개념이다. 하나란 전체의 융합이며, 윤회 전생이다. 영혼이 하나요,

육신을 자꾸 바꾸어 운명의 조종을 받는, 존재론적 하나인 것이다.

> 빗발에 섞인
> 너와 나의 밀어는
> 안팎 촉촉이 젖어 새움이 돋았고
>
> 태초에 말씀이 있음에
> 모든 게 태어났듯이
> 명명하는 언어마다
> 뜻하는 대로 드러냈으니
>
> 너는 나를 위하여
> 나는 너를 위하여
> 벌써 있으라 하신 이 있었나 보다.
> ―「있으라 하심에」의 일부

　인간의 언어는 생성될 때 의미를 담고, 소통하면서 이미 상징어가 되었다고 학자들은 말한다. 사물이 먼저고 언어가 뒤따른다는 게 인문학에서 일반적인 상식인데, 이 시에서는 말씀이 먼저요, 생성되는 만유존재는 그 의미대로 드러난다고 했다. 사실 언어와 사물의 존재는 동시동공의 개념이다. 다시 '태초의 말씀'은 종교적으로는 이미 진리를 뜻한다. '내가 길이요, 진리요, 생명이니, 나로 말미암지 않고서는 아버지께로 갈 자가 없느니라.'「요한복음」. 이미 점지된 진리 안에서 인간의 역사役事하는 바가 그 뜻에 좇아 이루어진다는 메시지가 담겼다.

> 구름이 하늘을 씻다가
> 제풀에 지쳐 푸념을 늘어놓아도
> 하늘은
> 아무 말도 하지 않았다
>
> 철새들 바뀌는 계절 따라
> 휘젓는 날갯짓에도
> 그냥 한 낯빛 변함이 없었다
>
> 까만 밤에도
> 총총한 별들의 위치를 갈래 타며
> 잠자리 보살필지라도
> 아무에게도 보임이 없었다
>
> 끝내는
> 돌아와 크게 안기리라는 믿음에
> 내 우러른 하늘은
> 언제나 그냥 하늘이었다
>
> 내 마음 깊숙이 품어 안은
> 내 임의 마음같이……
> ―「내 우러른 하늘은」전문

이 시에서는 하늘이 꼭 하느님만은 아니다. 자연의 일부로서, 그러나 (전지전능한 존재임은 내포되어 있어도) 인간으로 전생한 성인쯤 되는 품격이다. 오히려 시적 체감이 더욱 짙다. 군자요 대인인 인격화로 하늘은 우리의 세계에 귀의한다. 다시 내 임은 누구인가? 나를 포용하는 임은 다시 재귀再歸하여 하느님인 것이다. 나는 전생轉生의 윤회를 굴러간다. 나는 바로 속된 자아, 하늘에 비교하여서는 너무나 하찮은 존재로서의 나와, 그리고 구름, 철새, 별…… 천지 만물들까지 수용하며 품에 안은 큰 마음(우주)을 본다. 그런데 천지운행의 법칙은 하느님이 주재하는 진리에 입각할 뿐이다. 그리고 나도 그 일원이다.

  이를 통틀어 범아일여梵我一如라 할 것이다. 동양 사상에서는 천지이기天地理氣에 다름 아니다.

> 막 하늘 젓고 간 기러기 떼
> 눈 주어
> 매듭 하나 맺으려는데
>
> 무덤 때문에
> 더 큰 욕심 때문에
> 놓쳐버리고 만 허공
>
> 어둠 채워
> 첫 별 깜박이기만 하면
> 그냥 붙잡아 내 것 삼으려는데

그때는
내 마음 하얀 순수로
가득 채워져 있을지 모르겠어.
      ― 「견줌을 놓은 삶이기를」 전문

 이 시는 시적 풍모가 잘 갖추어져 있다. 새의 체제가 알차게 꾸며져서 시가 풍겨내는 아우라가 빛난다. 우선 '하늘을 젓는 기러기' '놓쳐버린 허공' '하늘에 어둠을 채워' '별을 내가 붙잡으러' '내 마음 하얀 순수로 가득 채워' 등등은 표현 기교가 뛰어나다. 시다움의 전형이다. 무형의 사물, 질감이 없는 형태를 행동 용어를 사용하여 구체적 물상으로 (형상화하여) 치환시키는 공감각적 테크닉이 빼어나다. 또한 유·무를 넘나듦, 형용이 없는 사상事象을 가시적으로 만져지게 하면서, 합일을 꾀하며 진자아眞自我로 가는 순수 의지가 돋보인다. 자기 도야의 과정을, 그러려고 함에 자기 한계를, 겸손하게 고백한다.
 어둠을 채우는 하늘(허공)과 하얀 순수를 채우는 나의 마음은 대칭이면서 내밀하게 장치한 연쇄의 고리(검은 바탕, 하얀 별 = 애초에는 검은 마음, 하얀 순수)가 멋있다. 이때에 소위 호모심볼리쿠스라는 상징인의 표상이 드러난다.

  치장 없는 먹새 얹힌 날로부터
  하늘 우러르는 앙망仰望과
  땅으로 내려오는 서기瑞氣 한데 맺은

신령스러움의 응결

껌벅임 없는 눈빛으로
한 방향 짚어선 집념으로
삶과 죽음을 넘나드는 새 추켜세운
긴 기다림 머금은 솟대
　　　　　－「솟대의 새로 하늘을 보다」의 일부

　시인의 사명은 삼라만상에게서 신성한 의미를 캐내어 이를 아름답게 표현하고 이를 음미하도록 하는 역할이 있다고 본다. 또한 반대로 의미를 부여하는 작업도 꼭 필연적인 역할이다. 이 시에서 나무 한 조각일 뿐인 솟대의 새에게서 의미를 캐고, 또는 의미를 부여하며 신성성을 띄운다. 인간의 본능적 특성 중에 호모사케르라고 해서 신성인을 부각시키는 인류학상의 목록이 있다. 여기에서는 인간의 인식태認識態와 관념상觀念象을 융합시켜 생명을 지닌 존재자로 구조한 시의 형태가 매우 훌륭하다.

　하늘의 기운과 땅의 기운을 합융시키며, 생사와 시공을 넘나드는 광활한 영상에 우리는 매료된다. '응결'이란 어휘는 적합하지 않은 한자말(관념어)이지만, 여기서는 적확하게 소용된 어휘이다.

현실과 몽환 사이 넘나들던
부단한 사념
끝내 환치마저 놓치고만 순간

(중략)
있음이 있음 아니고
없음이 없음 아니어도
그 한복판에
나 그 증표로 우뚝 서 있네.
— 「꿈인가 생시인가」의 일부

 옛 고승 이슈바고샤는, '존재하는 것도 아니며 존재하지 않는 것도 아니고, 존재와 비존재가 동시에 존재하는 것도 아니며, 존재와 비존재가 동시에 존재하지 않는 것도 아니다.'라고 했다. 물질의 공성空性이란 참본성으로, 공空과 색色, 무와 유를 상호 관통하는 진여성眞如性을 일컫는다고도 했다. 말장난 같기도 하며 의미를 캘수록 오히려 뜻이 모호해진다. 장자의 호접지몽胡蝶之夢을 연상시킨다. 현실과 몽환 사이를 넘나들고, 있음과 없음의 세계를 관통하거나 통섭通涉하는 그 어름, 그 사이에 나는 그 (무형의) 증표로 우뚝하다고 했다. 변증법적 논리로 귀납해가는 변설이 영특하다. '나'에 이르러 애매 모호성이 제거된다. '나'는 이때 본질에 앞선 실존적 자아인 것이다.

 매임만이랴
 이음의 맥이기도 한

 보임만이랴
 보이지 않음이 더 많은

저 팬터마임의 주인공이
건너에 있는 물건 잡아당기는
보이지 않는데 보이는 것 같은

저 가늘고 질긴 줄

좋건 싫건 모두다 끊어버리고는
홀로 살 수 없음을 알아
끈
꼭 붙잡은 연鳶의 흰 눈빛으로

이음의 맞은편 실존에
깊이 머리 조아리고 있네.

-「끈」 전문

'끈'이란 시의 질료(소재)는 그대로 상징성이 뭉클해진다. 그대로 자체가 인문학적 화두를 뿜어낸다. 끈은 금방 무엇과 무엇의 사이를 잇는 물상임이 자명해진다. 그런데 보이지 않는 것끼리의 이음은 매우 관념적이거나 추상적 의미를 내포한다. 크게 확대하면 인연의 끈이요, 연기緣起의 끈이며, 세월 잇기이며, 실존과 본질의 잇기이다. 김 시인이 기독교 신자(장로)인 점에 미루어, 하느님과 신앙인을 잇는 끈일 수도 있다. 유한자인 인간과 대우주의 통섭의 끈일 수도 있겠다. 얼마나 방대하고 광활한 사념이며 사유인가? 이는 한편, 배치된 사물들, 대칭적 물상들, 또는 무와 유의 이음줄이기도 하다.

김수환 추기경님은 생전에 '사랑이 머리에서 가슴까지 내려가는(전이되는) 데에 70년이 걸렸다.'고 했다. 또 류시화 시인도 세상에서 제일 먼 거리(사이)는 머리에서가슴까지라는 말을 했다. 이 거리, 이 세월은 매우 상징적인 '끈의 늘임'을 암시한다. 우주의 운행법칙 속에서도 인력과 척력이 존재한다고 한다. 끌고 당김이나 밀어냄이 끈의 줆이거나 늚일 것이다. 이질적인 둘의 특색(특징) 이서로 번지고, 서로 물들어 중화되거나 융합하며 변용의 추동태追動態를 형성한다. 결국 인문학적(인간관계) 상황에서 인연의 운명적인 끈을 강조하고 있다.

> 아니지
> 정말 아니지
> 흑은 아니지만 백 아닌 것도 있고
> 백은 아니지만 흑 아닌 것도 있는 것
>
> 아름답다와 추하다 사이에는
> 아름다움 머금은 추함
> 추함 입에 문 아름다움
> 수없이 많은 섞임이 그 중간에 있는 것이지
> ─「중용의 길」의 일부

중용中庸이란 '어느 쪽으로나 치우침이 없이 온당한 일'이거나 또는 '지나치거나 모자람이 없는 알맞은 일'이라는 뜻으로, 동양인들이 최고의 선으로 여기는 사상이기도 하다. 이분

법으로 가르는 인류의 보편적 의식이 역사상 많은 전쟁을 일으켰으며, 또한 투쟁과 반목의 원인이 되었다고 말해진다. 정의는 중용지도에서 유래하고 현대에 꽃이 핀 민주주의도 중용 사상에서 싹 텄다고도 일컬어진다.

시는 교훈적 교화적 또는 계몽적 테마로서만 완성되는 것이 아니다. 그래서 이 시에서는 언어적 유희(?)도 재미있지만, '섞임의 중간' '아름다움 머금는 추함' '그늘을 지우며 밝음으로 다가와' 등등 표현 기교가 우수하다. '일상어의 뒤집기'를 특성으로 하여 그로 인해 시의 결기가 돋보인다.

> 언어로 곱게 그린 한 폭의 그림
> 언어로 빚은 아름다운 한 자락의 노래
> 제대로 빚어내지 못해
> 조국 고향 어머니 몸 자궁으로 거슬러 올라가는
> 긴 긴 마음의 여정
> 매끄럽게 되짚지 못한 한이오리까
>
> 어머니
> 창조주 하나님과 인간 사이에 놓인 시인
> 그 이름으로 살아갈 수 있음을
> 자족하게 하소서.
> ―「시인 그 이름 하나만으로도」의 일부

'시는 말하는 그림, 그림은 말 없는 시'라는 유명한 경구가 있다. 이 시에서는 시와 회화에 음악까지 끌어다 붙인다. 실

제로 훌륭한 시를 찬평하는 말로, 회화성과 음악성이 등가적으로 한몸이 되게 구조되어야 시가 제대로 여물었다고 일컫는다. 이런 요소를 등한히한다면 시의 형과 태가 만족스럽지 못하다. 김 시인은 이런 시풍에 다가가려는 자신의 각오와 다짐 같은 내심을 드러낸다.

  또한 하느님과 인간 사이에 거처하는 '시인'의 위상을 정립하고자 했다. 독실한 종교인으로서 조금은 색다른 담론이다. 그리고 기원, 축수의 대상을 하느님이 아닌 조국 고향 어머니로 설정한 사실도 상당한 이변이다. 진실로 시다운 시를 쓰기 위해 품위 있는 시인이 되겠다는 자기 다짐이다. 시와 그림과 음악이 서로 경계 없이 넘나들도록 표현하는 시적 기교가 이 시를 빛나게 한다.

> 빈 자리 그 생긴 모양대로
> 그득 채우고
> 언제나 낮은 곳 더 낮은 곳으로
> 흘러가는 겸양
> 다소곳이 배워 익히는 고운 자세
>
> 텅 빈 심신
> 또 이렇게 흠뻑 채웠으니
> 가물어도 메마르지 않게
> 한물져도 넘치지 않게
> 오늘 지켜 사는 삶 이어가게 하소서.
>   —「물의 가르침」의 일부

물의 용량은 그를 담는 용기에 따라서 그 형용이 변한다. 김 시인의 생애를 강줄기 흐름에 비유했거니와, 물 흐름의 양태처럼 인간성 실현에 적정 변용하는 김 시인의 모습을 이 시에서 보게 된다. '언제나 낮은 곳 더 낮은 곳으로/ 흘러가는 겸양/ 다소곳이 배워 익히는 고운 자세//' 바로 인간학의 진수를 여기에서 간파할 수 있다. 노자의 『도덕경』에서 말한다. '휘면 온전하고, 굽으면 곧아진다. 움푹 파이면 채워지고, 낡으면 새로워진다. 적으면 얻게 되고, 많으면 미혹하게 된다. 스스로 드러내지 않으면 밝게 빛나고, 스스로 옳다고 않기에 돋보이고, 스스로 자랑하지 않기에 인정받게 되고, 스스로 자만하지 않기에 오래 간다. 다투지 않기에 세상에서도 더불어 다툴 자가 없는 것이다.'

> 어제와 내일 아랑곳없이
> 늘 오늘 위에 올라앉아
> 무게를 견주지 않아도 되는 바람
> 너는 좋겠다
>
> 가고 멈춤에 매이지 않아도 되고
> 만나고 싶은 곳 찾아들어도
> 아무도 볼 수 없는 바람
> 너는 좋겠다.
> 　　　　　　　　　－「바람이고 싶다」의 일부

　김 시인의 시편들에서 감지되는 것은, 유달리 물과 바람을 좋아한다는 점이다. '흐르는 물, 부는 바람'처럼 유유자적하려 한다. 자신을 얽어매는 굴레와 틀을 분쇄하고 자유자재로 변용하려 한다. 언제 어디서나 적응하고, 중용의 도를 따르며, 사물에 재량裁量하기를 유연케 하려 한다. 자연에 귀의하거나 그 순리에 순응하려 한다. 시공을 초탈하는 초인의 경지를 소망한다. 또한 자신을 자꾸 비워낸다. 내 안을 어떤 경이로운 사상事象으로 충만케 하려 한다. 보이지 않는 곳(것)에서 더 근원적인 것을 찾는다. 깊은 사유의 회랑回廊을 배회하며 인식과 존재의 변증법을 터득고자 한다.

 김 시인은 '하나'란 철학에 귀착하려는, 부단한 자아 도야를 행한다. 대립 구도, 대칭 국면을 흔들어, 합일의 모형을 구조하려 매양 행위한다. 중용과 중화의 자세와 신념으로 물 흐르듯 인생을 경작해 온 것이다. '하나'란 절대의 단독자이면서 만상에 어울려 조화하는 이상태이기도 하다. 하나는 신성한 처음이면서 거룩한 종말인 것이다. 점도 하나요, 선도 하나요, 면도 하나이면서 정육면체의 입체물도 하나이다. 말하자면 모든 개체가 개별화된 특성을 보유한 채 총화됨을 이른다. 하나는 천리天理를 보듬는, 그리하여 인문학적 우듬지가 되는 것이다.

 김 시인의 강녕과 문운 융창을 기원하면서 필자의 좁은 안목을 거둔다.

김계식 시집 14
뭇별 속에 묻어두고

인　　쇄	2013년 8월 20일
발　　행	2013년 9월 2일
저　　자	김 계 식
발 행 인	서 정 환
발 행 처	신아출판사

출판등록	1984년 8월 17일 28호
주　　소	전주시 완산구 공북1길 16(태평동)
전　　화	(063)275-4000, 252-5633
팩　　스	(063)274-3131
메　　일	sina321@hanmail.net

값 10,000원

ISBN 978-89-98524-89-0　　03810

※ 저자와 합의하여 인지는 생략합니다.
※ 잘못된 책은 바꿔드립니다.

「이 도서의 국립중앙도서관 출판시도서목록(CIP)은 서지정보유통지원시스템 홈페이지(http://seoji.nl.go.kr)와 국가자료공동목록시스템(http://www.nl.go.kr/kolisnet)에서 이용하실 수 있습니다.(CIP제어번호: CIP2013015780)」